Kirsten Herrmann

Lebensqualität in der ökonomischen Evaluation

GRIN - Verlag für akademische Texte

Der GRIN Verlag mit Sitz in München und Ravensburg hat sich seit der Gründung im Jahr 1998 auf die Veröffentlichung akademischer Texte spezialisiert.

Die Verlagswebseite http://www.grin.com/ ist für Studenten, Hochschullehrer und andere Akademiker die ideale Plattform, ihre Fachaufsätze und Studien-, Seminar-, Diplom- oder Doktorarbeiten einem breiten Publikum zu präsentieren.

Dokument Nr. V57127 aus dem GRIN Verlagsprogramm

Kirsten Herrmann

Lebensqualität in der ökonomischen Evaluation

GRIN Verlag

Bibliografische Information Der Deutschen Bibliothek: Die Deutsche
Bibliothek verzeichnet diese Publikation in der Deutschen Nationalbibliografie; detaillierte bibliografische Daten sind im Internet über http://dnb.ddb.de/ abrufbar.

1. Auflage 2006
Copyright © 2006 GRIN Verlag
http://www.grin.com/
Druck und Bindung: Books on Demand GmbH, Norderstedt Germany
ISBN 978-3-638-68482-8

Fachhochschule Hildesheim/ Holzminden/ Göttingen

Fakultät Soziale Arbeit und Gesundheit

Bachelor Studiengang für Absolventinnen und Absolventen der Fachberufe

Logopädie, Ergotherapie und Physiotherapie

Lebensqualität in der ökonomischen Evaluation

Seminar: Evaluation und Gesundheitsökonomie

Prüfungsleistung: Hausarbeit

Semester: Wintersemester 05/06

Kirsten Herrmann

5. Semester

Datum: 6. 3. 2006

Inhaltsverzeichnis

LEBENSQUALITÄT IN DER ÖKONOMISCHEN EVALUATION 3
EINFÜHRUNG 3
1 GRUNDLAGEN ÖKONOMISCHER EVALUATION 5
1.1. KOSTENARTEN 5
1.1.1. Direkte Kosten 5
1.1.2. Indirekte Kosten 7
1.1.3. Intangible Kosten 8
1.2. GRUNDPRINZIPIEN DER WIRTSCHAFTLICHKEITSUNTERSUCHUNG 9
1.2.1. Opportunitätskostenansatz 9
1.2.2. Diskontierung 10
1.2.3. Verschiedene Perspektiven 11
1.3. FORMEN GESUNDHEITSÖKONOMISCHE EVALUATION 11

2. LEBENSQUALITÄT 13
2.1. WIE KANN LEBENSQUALITÄT DEFINIERT WERDEN? 13
2.2. VERFAHRENSANSÄTZE ZUR BEWERTUNG VON GESUNDHEITSZUSTÄNDEN 15
2.2.1. Krankheitsspezifisch - generische Verfahren 16
2.2.2. Psychometrische - nutzentheoretische Verfahren 17
2.2.3. Testtheoretische Verfahren 20
2.3. KONZEPT DER QUALITÄTSKORRIGIERTEN LEBENSJAHRE -QALYS 21
2.4. ENTSCHEIDUNGSANALYSE 23

DISKUSSION 24
LITERATURVERZEICHNIS 26

Lebensqualität in der ökonomischen Evaluation

Einführung

Wozu brauchen wir ökonomische Evaluation?

Unbegrenzte Bedürfnisse stehen Ressourcenknappheit und Kostenexplosion gegenüber und haben die ökonomische Evaluation und Erfolgskontrolle unabkömmlich gemacht. Prioritätensetzung ist erforderlich im Entscheidungsprozess der Planungsrationalitäten. Um größtmögliche Effektivität und Effizienz zu erreichen und um Gesundheitsziele als Handlungskonzepte zu entwickeln, müssen Parameter und Evaluationsformen festgelegt werden. Die ökonomische Evaluation legt die Rangfolge für Handlungsmöglichkeiten (wirtschaftliches Handeln Rangfolgen impliziert) unter Beachtung von Zielen und Nebenbedingungen fest, weil aus der volkswirtschaftlichen Perspektive unbegrenzte Bedürfnisse begrenzten Ressourcen gegenüberstehen. Gehandelt wird nach dem ökonomischen Prinzip (z. B. weniger Kosten bei gleicher Leistung / Minimalprinzip oder gleiche Kosten bei mehr Leistung / Maximalprinzip). Das bedeutet Optimierung des Input-/Output- Verhältnisses (Großkinsky, 2002, S.36). Durch Allokationsmechanismus (Güter werden gegen Faktorleistung ausgetauscht d.h. Produktion <–> Konsum) kommt es zur Verteilung.

In Evaluation steckt der Begriff „value", das grenzt die Evaluation von jeder nicht wertenden Untersuchung oder Analyse ab. Die umfassende wissenschaftliche Beurteilung des Nutzens und der Kosten interner und externer Wirkung von Produkten, Verfahren, Projekten, Modellen, Einrichtungen oder Programmen des Gesundheitswesens wird als Evaluation definiert. Innerhalb der Evaluation wird Qualitätssicherung, wissenschaftliche Begleitforschung und Technology Assessment unterschieden. Bewertet werden Relevanz und Effektivität um Nutzen zu bestimmen (Schwartz, 2003, S. 823 ff.).

In der Gesundheitsökonomie werden volkswirtschaftliche, betriebswirtschaftliche und versicherungswissenschaftliche Anätze mit Erkenntnissen aus der Medizin, Psychologie, Soziologie der Politik und technischen Erkenntnissen vereint. Es wird die Bedeutung des Gesundheitswesens und der fließenden Finanzströme, Einflussfaktoren auf den Gesundheitsmarkt, Streuungsmechanismen, das Gesundheitsverhalten der Bevölkerung und der „Produktion" des Gutes Gesundheit beschrieben. Das Feld reicht von der Analyse der Entscheidungsprozesse und deren Folgen auf Organisationsformen bis zur Bewertung der therapeutischen Maßnahmen in der ökonomischen Evaluation, Studiendesigns. Outecomegrössen, Studiendesigns werden gegenübergestellt, mit dem Ziel zu einer Wohlfahrtsmaximierung zu gelangen.. Es wird aus dem Blickwinkel der gesamten Gesellschaft bewertet, es kann ein Perspektivwechsel vorgenommen werden (Wasem, 2000, S. 319).

Welche Rolle spielt die Lebensqualität?

Im Gesundheitswesens sind für komplexe Entscheidungsprozesse Verbesserung und Verbreiterung der Informationsgrundlagen erforderlich. Untersuchungsgegenstand sind Interdependenzen, Verhaltensweisen, Produktionsbedingungen, Effektivität und Effizienz im Gesundheitssektor. Die Ergebnisgröße (Outcome), umfasst Veränderungen der Lebenszeitspanne. In den letzten Jahren wird zunehmend die Lebensqualität fokussiert. Quantitative wie auch qualitative Dimensionen bilden die Entscheidungsgrundlage. Es zeigte sich, dass die Lebensqualität, die subjektive Befindlichkeit der Patienten und klinisch objektivierbare Größen (technische Messwerte) nur gering korreliert sein können und die Lebenszeitverlängerung nicht generell höher einzuschätzen ist (Großkinsky, 2002, S.37).

Leidl (2000, S. 258) unterstreicht: „Nach Möglichkeit sollte eine ökonomische Evaluation das eigentliche Ziel gesundheitsorientierter Intervention zu erfassen suchen, nämlich die *Verbesserung des Gesundheitszustands* und der gesundheitsbezogenen Lebensqualität."

Die Perspektive des Patienten wird zunehmend zur zentralen Bewertungsdimension. Es hat sich ein Paradigmenwechsel vollzogen seid, die WHO nicht nur physische, sondern auch psychische und soziale Komponenten in die Gesundheitsdefinition mit einbezieht. Ein weiterer Grund ist die Zunahme chronischer Erkrankungen und deren Auswirkung auf den Lebenszusammenhang des Patienten. Eine zusätzliche Komponente ist die Skepsis gegenüber den klassischen Zielen, wie reduzierte Symptomatik und verlängerte Lebenszeit. „Health Outcomes" Indikatoren befassen sich einzig mit dem Aspekt der Patientenzufriedenheit entwickelt aus der Konsumentensouveränität (Schwartz, 2003, S. 830).

Aufgrund der zunehmenden Bedeutung wird die Lebensqualität in der ökonomischen Evaluation Gegenstand der Betrachtung in dieser Arbeit sein.

1 Grundlagen ökonomischer Evaluation

Grundbestandteile der ökonomischen Evaluation bilden Kosten (direkte, indirekte) und Effekte (klinische Parameter, restliche Lebensdauer, Lebensqualität, in Nutzeneinheiten bewertete Gesundheitszustände, in Geldeinheiten bewertete Effekte). Im Folgenden werden beide Grundbestandteile definiert und der Zusammenhang mit der Lebensqualität diskutiert (Leidl, 2000, S. 351).

1.1. Kostenarten

1.1.1. Direkte Kosten

Kosten, die direkt bei einer Intervention anfallen, bilden als Kernkosten für die Behandlung, den Ressourcenverbrauch. Da es schwierig ist die Kosten in Studien trennscharf darzustellen, haben sich verschiedene Konzepte herausgebildet.

Messung und Identifikation von Kosten

Um den Ressourcenverbrauch zu messen spielt die Verfügbarkeit von dokumentierten Daten eine zentrale Rolle.

Eine Möglichkeit zu differenzieren ist, die medizinischen Kosten (verschiedene Versorgungssektoren und -arten, z. B. stationäre, ambulante Versorgung, Arznei-, Heil- und Hilfsmittel) von nicht medizinischen Kosten (alle Formen der Unterstützung durch Familienangehörige, Freunde, pflegerische Dienste, private Zusatzkäufe, Transport und Zeitkosten) zu trennen.

Ein anderes Konzept beruht auf Kostenrechnung in Betrieben. Dieses Konzept geht vom Aufwand der Leistungserstellung aus und ermittelt Kostenarten. Hauptkategorien sind Personalkosten (z. B. ärztliche und pflegerische Leistung) und Sachkosten (z. B. Kosten für Gebäude, biomedizinische Materialien, Wasser, Energie und Kommunikation).

Eine andere Art die Differenzierung kann von den Produkten aus vorgenommen werden. Sie wird dann vereinfacht, wenn schon Daten vorliegen (z. B. in Form von Gebührenordnung) Versorgungsmengen werden an der Anzahl Versorgungskontakte, Versorgungszeit, Einzelleistungen usw. festgemacht.

Eine weitere Unterscheidung setzt bei der Produktionsbindung an, in dem variable Kosten von fixen Kosten unterschieden werden. Auf lange Sicht können auch Fixkosten variabel sein, werden zum Beispiel die Kapazitätsgrenzen über- oder unterschritten (Leidl, 2000, S. 353).

1.1.2. Indirekte Kosten

Ressourcenverlust durch Ausfälle an der gesamtwirtschaftlichen Produktion, die sich aus Krankheit oder vorzeitigem Tod ergeben.

Messung und Identifikation

Humankapitalansatz

Ermittelt den vollständigen Wegfall von Produktionspotential als Folge von Krankheit. Indikatoren sind das durch Krankheit entgangene Einkommen, berechnet aus Zeit des Ausfalls, multipliziert mit einem Lohnsatz. Da alters- und geschlechtsspezifische Durchschnittslöhne Grundlage der Bemessung sind, werden mögliche Diskriminierungen mit einbezogen. Generell erschwert oder verhindert wird die Bewertung von im Haushalt tätigen Personen, Erwerbsunfähigen und Rentnern. Um diesen Schwachpunkt auszugleichen, werden Durchschnittslöhne für Fremdhilfe eingesetzt, bzw. einheitliche Durchschnittslöhne als Bemessungsgrundlage verwendet. Dies geht wiederum zu Lasten des Ziels den Produktionsausfall zu messen. Studien belegen, dass die indirekten Kosten die direkten Kosten durchaus übersteigen können (Leidl, 2000, S. 356 ff).

Friktionskostenansatz

Berücksichtigt werden bei diesem Ansatz komplexe gesellschaftliche Situationen, wie zum Beispiel Arbeitslosigkeit. Gemessen wird der tatsächliche Produktionsausfall, bemessen vom Arbeitsausfall bis zur Einstellung eines neuen Arbeitnehmers. Kurzfristig Ausfallzeiten behalten weiterhin ökonomische Bedeutung. Langfristige Ausfallzeiten werden mit 3 Monaten bemessen. Im Humankapitalansatz führten sie zu überhöhten Kostenschätzungen, somit wird der Friktionskostenansatz als realistischer angesehen.

Er bietet die Grundlage makroökonomische Auswirkungen, der durch Krankheiten steigenden Lohnkosten zu berechnen. Diese Auswirkungen erstrecken sich über eine Reihe von Jahren im Wirtschaftskreislauf (Leidl, ebd.).

Zahlungsbereitschaft
Die individuelle Wertschätzung des Verlustes an Leben wird in Geldeinheiten ausgedrückt (z. B. Annahme eines gesundheitsgefährdenden Arbeitsplatzes bei höherem Lohn). Im Ergebnis ist eine ökonomische Bewertung von statistischem Leben erhalten. Bei den indirekten Kosten wird die gesamte Lebenszeit bewertet nicht nur die Produktive. Es gehen auch Aspekte der erwarteten Lebensqualität mit ein, diese gehören bereits zur Effektenseite der Intervention. Wegen der Messprobleme spielt dieser Zahlungsansatz bislang eine geringe Rolle (Leidl, ebd.).

In der Diskussion um die indirekten Kosten werden zwei Positionen bezogen, einige Forscher ziehen den Schluss grundsätzlich auf eine Berechnung zu verzichten. Es wird andererseits für unstrittig gehalten, dass Auswirkungen auf die gesamtwirtschaftliche Produktion Teil der ökonomischen Krankheitsfolgen sind und diese Größe nicht zu vernachlässigen ist.

Werden indirekte Kosten nicht in die ökonomische Evaluation von Interventionen einbezogen, dann werden Interventionskosten zu hoch dargestellt (Leidl, 2000, S. 356 ff).

1.1.2. Intangible Kosten

Immaterielle Kosten, die mit der Krankheit verbunden sind, wie zum Beispiel psychosoziale Belastungen, Schmerz, Verlust an Lebensqualität. Da sie schwer zu bewerten sind, wird vorgeschlagen diese Kosten aufzuzählen, oder auf der Effektseite der Lebensqualitätsmessung zu erfassen (Leidl, 2000, S. 353).

Gerade bei chronischen Erkrankungen sind diese Kosten bedeutsam, da es keine Heilung und keine Verminderung von Mortalität gibt. So hat die Lebensqualitätswirkung Eingang in die ökonomischen Wirtschaftlichkeitsanalysen gefunden (Schöffski, 2002, S. 169).

1.2. Grundprinzipien der Wirtschaftlichkeitsuntersuchung

1.2.1. Opportunitätskostenansatz

Entscheidungsspielräume entstehen bei der Operationalisierung der Kosten, der Bewertung des Mengengerüstes in Geldeinheiten. Zur Bewertung werden die Opportunitätskosten, der Wert der besten anderweitigen Verwendung der Ressourcen, festgestellt. In der freien Marktwirtschaft ist das, der Preis einer anderweitigen Nutzung z. B. eines Gerätes. Sind diese Preise nicht eindeutig festzustellen, wird sich die Bewertung nach der Zielsetzung der Studie richten und einen für den Untersuchungskontext repräsentativen Preis bestimmen.

Da das Gesundheitswesen erheblichen staatlichen Regulierungen ausgesetzt ist, müssen Ersatzgrößen festgestellt werden, die sog. Schattenpreise.

Über diese wird ein großer Teil des Ressourcenverbrauchs durch drei Verfahren bestimmt. Administrative Preise haben den Nachteil, oft abhängig von Leistungsmengen zu sein, ziehen selten den technischen Fortschritt mit ein. Betriebliche Selbstkosten haben eine Schwierigkeit Kostenkomponenten wie Investitionskosten und Zurechnung der Allgemeinkosten zu erfassen. Die pauschalen Verfahren werden Streuungen verdecken. (Leidl, 2000, S. 354 ff)

1.2.2. Diskontierung

Kosten und Nutzen fallen oft nicht zur gleichen Zeit an. In der Ökonomie ist es üblich erst in Zukunft anfallende Gesundheitseffekte respektive dem Ressourcenverbrauch auf den aktuellen Wert abzuschreiben. Dies basiert auf den sogenannten „Discounter Utility" Modell. Dieses fundiert auf der Beobachtung, dass Individuen und damit auch die Gesellschaft, dem gegenwärtigen Konsum eines Gutes den größeren Nutzen zuschreibt, als dem künftigen.

Diskontierung hat demzufolge eine besonders ausgeprägte Wirkung bei der ökonomischen Bewertung von Interventionen, deren Effekt erst mit langer Latenz auftritt, z. B. in der Prävention.

Diskontierung ist nicht unbestritten und hat eine lebhafte Diskussion ausgelöst. Kritikpunkt des Models ist die Prämisse, dass Individuen zeitsensitiv sind. Zukünftige Gewinne werden weniger stark gewichtet als aktuelle (Federspiel, B. 2005, S. 22 – 23).

Die Schwierigkeit ist die richtige Wahl der Diskontrate. Je höher die Diskontrate, desto kleiner werden zukünftige Beträge, desto „kurzsichtiger" wird die Evaluation ausgeführt. Spätschäden, auch späte monetäre Erträge gehen dann nicht in die Evaluation ein (z. B. Prävention).

Mit Hilfe einer Formel können sämtliche Größen in einer Evaluation in ihrem heutigen Wert ausgedrückt werden (Einzelwerte, Zahlungsströme, Kosten, monetäre Erträge). Die Werte für die Diskontrate werden international (1995, USA 10%, Niederlande 5%) verschieden angesetzt und auch in verschiedenen Studien verschieden angesetzt (Leidl, 2000, S. 358).

1.2.3. Verschiedene Perspektiven

Aus gesellschaftlicher Sicht sind Kosten, der Ressourcenverbrauch in Geldeinheiten bewertet.

Der Finanzierungsträger (Krankenkasse) sieht Kosten als Produkt der verrechneten Leistungsmengen mit der zu zahlenden Vergütung.

Während der Betrieb (Krankenhaus, forschender Arzneimittelhersteller) Kosten im Rahmen des betrieblichen Rechnungswesens ermittelt.

Mögliche Perspektiven könnten auch die, des Patienten, Leistungserbringers, Arbeitgeber oder der Angehörigen sein (Wasem, 2000, S. 320).

1.3. Formen gesundheitsökonomische Evaluation

Unterschieden wird zwischen verschiedenen Studienformen. Die Wahl der Analyseart hängt vom Untersuchungsgegenstand und dem Zweck der Studie ab. Nicht vergleichende Studien sind die Kostenanalyse und die Krankheitskosten Analyse und stehen der Systematik von Studien mit vergleichendem Charakter gegenüber der Kosten-Kosten-Analyse, der Kosten-Nutzen-Analyse, der Kosten-Wirksamkeits-Analyse und der Kosten-Nutzwert-Analyse. Zur Optimierung der Ressourcenallokation im Gesundheitswesen sind generell vergleichende Studien erforderlich.

1. a) Kosten-Analyse (cost-analysis)
    Direkt oder auch indirekte Kosten eine Maßnahme (Input) werden berücksichtigt. Ein Vergleich ist mit einer anderen Studie dieser Art möglich.

b) Krankheitskosten Studien (cost-of-illness analysis)

Gesamtgesellschaftliche Bedeutung eine Krankheit soll ermittelt werden, es erfolgt keine Differenzierung nach alternativen Maßnahmen (Kostenerfassung von Patienten, Verwendung von Forschungsgeldern). Differenziert wird zwischen dem Prävalenz- und Inzidenzansatz. Ausgangsbasis der Datenerhebung bildet der top-down-Ansatz, dabei wird von hochaggregierten volkswirtschaftlichen Datenmaterial aus gegangen. Beim bottom-up-Ansatz geht die Datenerhebung von der Ebene des Patienten aus.

2. Kosten-Minimierungs-Analyse (cost –cost analysis)

Separate Kosten-Analyse von zwei oder mehr alternativen Maßnahmen. Die Kostengrößen werden unter Annahme der klinischen Ergebnisgleichheit erhoben. Es können direkte und indirekte Kosten einbezogen werden.

3. Kosten-Nutzen-Analyse (cost –benefit analysis)

Klassische Form der ökonomischen Evaluation. Berücksichtigt nicht die Besonderheiten des Gesundheitswesens. Hauptkennzeichen ist, das sämtliche Kosten und der gesamte Nutzen der zu evaluierenden Maßnahme monetär bewertet wird. Problematisch ist die Reduzierung aller Effekte im Gesundheitswesen auf monetäre Größen zur Allokationsverbesserung, dies wird in der Bevölkerung oft als Provokation angesehen.

4. Kosten-Effektivitäts-Analyse (cost-effectivenes-analysis)

Möglichkeit, die in monetären Einheiten zu bewertenden Effekte einer medizinischen Maßnahme in gesundheitsökonomischer Evaluation zu berücksichtigen. Die Beurteilung des Erfolgs, erfolgt in Größen die von Medizinern festgelegt werden (z. B. Senkung des Blutdrucks) und wird den Kosten gegenübergestellt. Der Vergleich zweier Maßnahmen ist häufig sehr komplex.

5. Kosten-Nutzwert-Analyse (cost-utility-analysis)
Bewertung des Behandlungserfolgs wird durch den Patienten bewertet. Effekte auf die Lebensqualität und die Lebenserwartung werden berücksichtigt. Die Nutzwertgröße wird aus verschiedenen Ebenen zusammengesetzt. Das am häufigsten verwendete Verfahren ist das QALY Konzept. Es erfolgt eine Normierung des Behandlungsergebnisses (Schöffski, 2002, S. 175 ff).

Das Ziel der gesundheitsökonomischen Evaluation besteht im krankheitsspezifischem Vergleich einer Therapie mit Handlungsalternativen. Die Wahl der Referenzalternative ist zu begründen und sollte die häufigste, klinisch wirksamste oder effizienteste Handlungsalternative sein. Die Perspektivenwahl muss logisch begründet herausgearbeitet werden (Hannoveraner Konsensus, S. 150)

2. Lebensqualität

2.1. Wie kann Lebensqualität definiert werden?

Das Konzept der gesundheitsbezogenen Lebensqualität untersucht wie Menschen ihren Gesundheitszustand subjektiv erleben. Interdisziplinär (Mediziner, Ökonomen, Statistiker, medizinische Psychologen und Soziologen) wird höhere Transparenz geschaffen, durch Erkenntnisse aus Theorie und Praxis und Disease Management Programme entwickelt. Diese vielen Aspekte und Facetten führen zu einer Unschärfe. Eine allgemein anerkannte Definition von Lebensqualität ist derzeit nicht existent. Es herrscht jedoch Einigkeit fünf Dimensionen zu (körperliche Verfassung, psychischer Status, soziale Beziehungen, ökonomischer Status und religiöser Status) zu differenzieren (Spilker, 1996 in Wasem, 2000, S326).

Eine Eingrenzung wird durch das Konzept der gesundheitsbezogenen Lebensqualität oder der subjektiven Gesundheit erreicht, in diesem Konstrukt wird der Schwerpunkt auf vier Dimensionen (psychischer Verfassung, körperliche Verfassung, soziale Beziehungen und funktionale Alltagskompetenz) gelegt (Guyat et al. 1996, in Wasem ebd.).

Gesundheitsbezogene Lebensqualität umfasst wesentliche Aspekte der Gesundheit, neben der Lebensdauer. Für die Definition der Gesundheit (Dimensionen sie zu beschreiben und zu messen) haben sich aus einer Reihe von Konzepten folgende Komponenten herauskristallisiert. Leidl (2000, S.359 ff) definiert Gesundheit und Krankheit, um die Lebensqualität zu bestimmen: „Gesundheit wird beschrieben in Kategorien des physischen (körperliche Tätigkeit, Beweglichkeit, Selbstversorgung, Schlaf oder die physische Kommunikationsfähigkeit), psychischen (seelische Befindlichkeit, emotionale Situation, kognitive Fähigkeit) und sozialen Befindens und Funktionierens (Einbindung, Kontakte und Rollenerfüllung). Krankheit wird über Krankheitsfolgen, über die Einschränkung dieser Befindlichkeiten und Funktionen definiert." Gesundheit weiter bestimmt durch Einschränkungen und Behinderungen, z. B: Schmerz, psychische Symptome, Beschwerden und Normabweichungen. Kategorien werden zu Dimensionen zusammengefasst, um eine Gesamteinschätzung zu erstellen. Ein Gesundheitsstatus bezeichnet ein Konzept der Lebensqualitätsmessung.

Die Definition von Gesundheit der WHO „Zustand des völligen körperlichen, psychischen und sozialen Wohlbefindens und nicht nur das Freisein von Krankheiten und Gebrechen" wird kritisch gesehen, weil nahezu alle Menschen krank wären (Konerding, 2004, S.161). Konerding (vgl. ebd.) definiert Gesundheitsbezogene Lebensqualität in der Zufriedenheit der Menschen in ihrem physisch, psychischen und sozialen Gesundheitszustand. In der ICF (2002, S 5 ff.) wird Gesundheit in einem bio-psycho-sozialen Modell festgelegt.

Subjektive Lebensqualität als mehrdimensionales psychologisches Konstrukt mit vier Komponenten: das psychische Befinden, die körperliche Verfassung, die soziale Beziehung und funktionelle Kompetenz der Befragten. Von großer Bedeutung ist, dass die Befragten selbst Auskunft über ihr Befinden und ihre Funktionsfähigkeit (Bullinger, 1996, in Schwartz, 2003, S. 830). Lebensqualität wird unterschiedlich definiert, es gibt keine eindeutige, fraglos richtige Antwort (Konerding, 2004, S.160).

2.2. Verfahrensansätze zur Bewertung von Gesundheitszuständen

Wie kann Lebensqualität gemessen werden?

Einfache Effektmaße bilden klinische Parameter (z. B: Lungenfunktion) und ökonomische Effektmaße (z. B. Arbeitsunfähigkeitstage).

Alle verfügbaren Messinstrumente und alle zur Messung von Health Outcomes verwendeten Parameter müssen valide, reliable und sensitiv sein um entsprechende Veränderungen nachzuweisen (Kohlmann, 1997 in Schwartz, 2003, S. 830). Randomisierte kontrollierte Studien (RCT) sind für eine Reihe von Fragestellungen (z. B. komplexe, facettenreiche Rehabilitationsprogramme im interdisziplinären Bereich), nicht geeignet. Alternative Studien können sein, differenziert angelegte vergleichende Studien, protokollierte Serien von Fallstudien, genaue Deskription von Struktur und Prozess in einer Versorgungssituation (Schwartz, 2003. S. 828). Zur Erfassung von gesundheitsbezogener Lebensqualität gibt es verschiedene Arten von Verfahren unterschiedlichster Charakteristika und Zielsetzung (Konerding, 2004, S.161).

2.2.1. Krankheitsspezifisch - generische Verfahren

Krankheitsspezifische Maße

- der Lebensqualität, richten sich auf Gesundheitsaspekte die mit einem Krankheitsbild oder Gesundheitsproblem verbunden sind.
- bieten den Vorteil die jeweilige Problematik oder Veränderungen durch therapeutische Intervention genau abbilden zu können, können aber nicht miteinander verglichen werden.

Generische Maße

- Krankheitsprobleme und Bevölkerungsgruppen übergreifend abgebildete Gesundheitsaspekte
- erstellen weitreichende Vergleichbarkeit auf Kosten der genauen Feststellung von krankheitsspezifischen Veränderungen

Ausgewählt werden die Maße der Lebensqualität abhängig von der Untersuchungsfragestellung (vergleichend oder spezifisch) bzw. werden sie in vielen Fällen parallel eingesetzt. Die Aggregierbarkeit der vielen Aspekte ist eine Möglichkeit Vergleichsalternativen abzuwägen und eine Gesamtbewertung zu erstellen.

Gesundheitsprofile fassen Aspekte zu Dimensionen (z. B. körperliche Funktion) zusammen. Gesundheitsindizes integrieren alle Komponenten zu einer Zahl, ebenso werden Nutzenbewertungen von Gesundheitszuständen beruhend auf individuellen Gesamtbewertungen der Zustände in einer Zahl ausgedrückt. Bei der Aggregation von Nutzenbewertung und Gesundheitsindizes gehen möglicherweise bedeutsame Differenzierungen einzelner Effekte verloren. Um eine ökonomische Vergleichbarkeit zu erstellen, eignen sich als Messinstrumente Fragebögen, die Lebensqualität in einem Gesamtindex oder in einer Nutzenbewertung darstellen.

2.2.2. Psychometrische - nutzentheoretische Verfahren

Psychometrische Verfahren

Es werden Profil– und Indexinstrument unterschieden. Profilinstrumente stufen Gesundheitszustände ab und beschreiben auf verschiedenen Dimensionen. Abstufungen bildet das Krankheitsprofil. Indexinstrumente haben die gleiche Systematik, es wird zusätzlich ein Index berechnet, der die Gesamtlebensqualität beschreibt und den Gesundheitszustand widerspiegeln soll. Zudem kann zwischen einer Selbst- oder Fremdeinschätzung unterschieden werden (Konerding, 2004, S. 162).

Der Medical Outcome Study 36 – Item Short Form Health Survey (SF 36) ist ein Gesundheitsprofil (geht zurück auf Messungen der Gesundheitseffekte in einem Experiment einer Krankenversicherung, 70iger Jahre, USA), das acht Dimensionen mit mehreren Items, mit mehrfach abgestuften Antwortmöglichkeiten umfasst. Das Instrument gibt Gewichtung von Antworten vor. Verrechnung und Aggregation von Antworten innerhalb einer Dimension ist möglich (Leidl, 2000, S. 360).

Quality–of-Well- Being–Index

Zur Gesundheitsstatusmessung entwickelt von Fanshel und Bush 1970. Vier Dimensionen werden in einem umfangreichen Interview befragt, ist variabel aufgebaut. Der Interviewer übernimmt Zuordnung. Alle Items werden über eine Periode von 6 Tagen erhoben. Es liegt eine Referenzbewertung vor und wird in klinischen Evaluationsstudien eingesetzt (Leidl, ebd.).

Health-Utility-Index Mark III
Er beschränkt sich auf die wichtigsten Aspekte der psychischen und emotionalen Gesundheit. Das Ziel ist Gesundheitszustände zu klassifizieren. Er wird in Bevölkerungsbefragungen eingesetzt, wie auch in klinischen Studien, ist konzipiert zur Nutzenmessung. An einer Referenzmessung wird noch gearbeitet (Leidl, ebd)..

Euroqol
Ein leicht einzusetzendes Messinstrument (Fragebogen) für Evaluationsstudien, mit dem auch Nutzenbewertungen durchzuführen sind. Mit Hilfe von 5 Dimensionen und 3 Antwortkategorien können 243 Gesundheitszustände beschrieben werden. Die Bewertung ist mit einer visuellen Analogskala verknüpft. Es liegt für einige Länder eine Referenzbewertung vor (Leidl, 2000, S. 361 ff).

Nutzentheoretische Verfahren

Als Nutzwert wird die Gesamtwirksamkeit bezeichnet, aller Effekte einer ökonomischen Evaluation quantitativ zusammengefasst. Um den Nutzwert zu berechnen müssen Gesundheitszustände bewertet werden und die bewerteten Zustände untereinander verrechenbar gemacht werden (Leidl, 2000, S. 360). Gesundheitsstatus wird aus dem Verhalten des Probanden in hypothetischen Entscheidungssituationen ermittelt (Großkinsky, 2002, S. 38)

Standard-Gamble-Methode
Der Zustand der Indifferenz zwischen zwei Entscheidungsmöglichkeiten wird ermittelt, der Proband bleibt ohne Behandlung mit Sicherheit in einem beeinträchtigten Zustand, oder verbunden mit einem Risiko (1-p) die Maßnahme nicht zu überleben kann der Proband kostenlos eine gesundheitsbezogene Maßnahme wahrnehme. Der Wert p wird verändert bis der Proband zwischen den Alternativen indifferent ist. Wird der Zeit in eingeschränkter Lebensqualität gleich mit 60 %iger Überlebenswahrscheinlichkeit einer

Intervention bewertet, entspricht das 0,6 QALYs (quality-adjusted life year), (Großkinsky, 2002, S. 39). Die deskriptive Brauchbarkeit dieser Methode wird durch die empirische Forschung zur Entscheidungstheorie infrage gestellt. Ein zweiter Problempunkt ist die unterschiedliche Risikobereitschaft der Probanden (Leidel, 200, S. 363).

Time –Trade – Off

Die Probanden ziehen einen Vergleich zwischen einer Restlebenszeit T in einem eingeschränkten Gesundheitszustand ohne Behandlung oder t ein entsprechend kürzerer Zeitraum in einem perfekten Gesundheitszustand mit kostenloser Intervention. Variiert wird die Restlebensdauer, bis der Befragte indifferent ist. Eine Zeit von 5 Jahren mit optimaler Lebensqualität wird gleichwertig angesehen wie eine Restlebenszeit von 10 Jahren in eingeschränkter Lebensqualität. In Relation dieser beiden Werte entsteht ein Wert von 0,5 QALYs für ein mit eingeschränkter Gesundheit verbrachtes Lebensjahr (Großkinsky, 2002, S. 39).

Visuelle Analogskala

Dieses Verfahren quantifiziert den Gesundheitszustand direkt. Auf einer Skala 0 = Tod bis 100 = vollständige Gesundheit bewerten die Probanden ihren Gesundheitszustand. Zur Bewertung des eigenen Gesundheitszustandes, wird zur Orientierung zunächst ein Referenzzustand abgefragt. Bewertungsunterschiede werden durch Abstände zwischen den Zuständen reflektiert.

Keines der Verfahren kann als allgemeingültig gesehen werden. Es stellt sich mehr die Frage, unter welchen Umständen welche Verfahren geeignet ist. Die Verfahren zur Bewertung der Lebensqualität müssen kontextbezogen ihre Methodenqualität unter Beweis stellen (Leidl, 2000, S. 363).

2.2.3. Testtheoretische Verfahren

Methodische Prüfkriterien

1. Die Übersetzung des Fragebogens muss korrekt sein, wird er in einem anderen Sprachraum eingesetzt.

2. Die Reliabilität, interne Konsistenz und Zuverlässigkeit (Crohnbachs Alpha), Reproduzierbarkeit, Intraklassen–Korrelationskoeffizient, Interrater Reproduzierbarkeit.

3. Die Validität zum einen inhaltlich werden, die vom Zielkonzept zu messenden Zustände vollständig und richtig erfasst, die Konstruktvalidität.

4. Die Reagibilität des Instrumentes auf Veränderungen, die relevant sind (Fehlen von Begrenzungseffekten).

Die methodische Leistungsfähigkeit der Lebensqualitätsmaße ist vom Untersuchungskontext abhängig.

Konerding (2004, S. 165) bezieht sich auf die klassischen Kriterien Validität, Reliabilität, Objektivität und dem Nebengütekriterium die Praktikabilität. Leidl (2000, S. 361 ff.) weicht an 2 Punkten davon ab.

Testtheoretische Begriffe werden im Rahmen dieser Arbeit nicht ausführlich diskutiert werden, sondern werden der Vollständigkeit halber erwähnt, weitere Quellen zum Thema Evidenzbasierte Medizin: Sackett, DL. et al.1999 oder wie vom Hannoveraner Consensus (S. 150) erwähnt die Cochrane Gruppe und die „Good clinical Practice" (GCP):

2.3. Konzept der qualitätskorrigierten Lebensjahre - QALYs

QALYs entsprechen Jahren, die in vollständiger Gesundheit verbracht werden.. Sie ergeben sich aus der Multiplikation der Bewertung eines Gesundheitszustandes (zwischen 0 und 1) und der darin verbrachten Zeit (Leidl, 2000, S.365).

Nach Großkinsky (2002, S. 39) stellt sich die Vergleichbarkeit problematisch da, weil die Möglichkeit besteht, dass unterschiedliche Skalierungsmethoden unterschiedliche Scores hervorbringen. Zur Nutzwertermittlung haben sich deshalb Alternativkonzepte (QALYs) entwickelt.

Einbeziehung von Lebensqualitätseffekten in die ökonomische Untersuchung und in die Entscheidungsfindung ist sehr komplex. Eine Schwierigkeit sind die unterschiedlichen Wertigkeiten verschiedener Dimensionen. Deshalb wird durch vorher genannte Verfahren (z. B. Nutztheoretische Verfahren, Indexverfahren) eine Komplexitätsreduktion vorgenommen, indem Dimensionen zu einer Kennzahl zusammengefasst werden. Einerseits gehen Informationen verloren, andererseits ist es möglich eine Entscheidung zu treffen. Das Problem ist bei den Lebensqualitätsaspekten das Gleiche, wie bei der Bewertung von Lebensqualität. Dimensionen sind monetärer und nichtmonetärer Natur. Kosten, Lebensqualität und Lebenserwartung werden als Ergebnisse eine Intervention berücksichtigt. Mithilfe der QALYs wird eine Komplexreduktion vorgenommen. Dimensionen Restlebenserwartung (quantitative Komponente) und Lebensqualität (qualitative Komponente) werden dargestellt (Normierung der Lebensqualität auf einer Skala 0-1; Wert 1 = vollständige Gesundheit, keinerlei Einschränkung der Lebensqualität; und 0 = Tod, Zustände schlechter als der Tod liegen im Minusbereich). Lebensqualität wird entsprechend der Präferenzen der Individuen bewertet (beruht auf der Erwartungsnutzentheorie).

Beide Dimensionen Lebenserwartung und Lebensqualität werden zu einem Aggregat, einem eindimensionalem Outcome-Maß zusammengefasst, das weitreichende Vergleiche ermöglicht. Angewandt wurde dieses Konzept erstmals 1968, das Akronym QALY wurde erstmals 1977 (New England Journal of Medicine) verwendet. Es können sehr unterschiedliche Entscheidungssituationen auftreten, um eine Allokationsentscheidung zu treffen, müssen gewonnene QALYs den Behandlungskosten gegenübergestellt werden. Soweit keine Diskontierung vorgesehen ist, erhält man durch Division der Zusatzkosten durch Anzahl gewonnener QALYs, den Geldbetrag für ein zusätzliches QALY. Damit können medizinische Maßnahmen einer Kenngröße zugeordnet werden und sind vergleichbar (Schöffski et al., 2002. S.367 ff.).

Limitierungen von QALYs stellen sich wie folgt da, es besteht ein Mangel an Sensitivität beim Vergleich von zwei gleichen Interventionen in bezug auf die Effizienz. Chronische Erkrankungen sind schwierig einzuordnen, da die Betroffenen oftmals keine Lebenszeitverkürzung durch die Erkrankung erfahren, sondern einzig Einschränkung in der Lebensqualität aufzeigen. Ähnlich ist es mit Präventivmaßnahmen, deren Outcomes sich erst Jahre später zeigen und schwer zu quantifizieren sind, gerade weil sie von Dimensionen wie Alter, Lebenskontext und Lebensverantwortung liegen. Schwierigkeiten der Bewertung treten dann auf, wenn ein Leistungssportler an der gleichen Erkrankung leidet, wie ein älterer Mensch.. Des weiteren sehen Kritiker eine unangemessene Gewichtung in emotionalen und mentalen Gesundheitsproblemen. Trotzdem halten die Phillips&Thompsen (2001, S. 5-6) QALYs wie auch Kosten-Nutzen Analysen als einen gerechtfertigten Versuch Informationen zur Entscheidungsfindung zu sammeln.

2.4. Entscheidungsanalyse

In der Entscheidungsanalyse stehen mehrere Handlungsalternativen zur Verfügung, Vor- und Nachteile müssen systematisch gegeneinander abgewogen werden und Unsicherheit kalkuliert werden. Entscheidungen über Sinn und Erfolg von Maßnahmen, Kostenvergleich, Effizienz der Therapie und ethische Akzeptanz sollen getroffen werden. Der Analyseaufwand muss im Verhältnis zur Wichtigkeit der Entscheidung stehen. Die Alternativen müssen klar vorgegeben sein, das Ziel definiert (ein Patient wird ein anderes Ziel definieren als die Krankenkasse, also ist auch die Perspektive wichtig) und eine quantifizierbare Zielvariable muss gesetzt werden. (Ein Patient würde eine Skala 0-1 wählen, ein Kostenträger die Kosten-Effektivität-Analyse und der Gesundheitsökonom evtl. die Kosten-Nutzen-Analyse), ein Zeithorizont wird gegeben, eine große Rolle spielt die subjektive Einstellung zum Risiko und die subjektiven Präferenzen, die das Ergebnis unterschiedlich ausfallen lassen.(Also ist der Ausgang unsicher und lässt sich durch Wahrscheinlichkeiten beschreiben. (Wendland, 2004, S.190 ff.)

Großkinsky, (2002, S.39) unterstreicht: „Die Wahl einer bestimmten Studienform ist ausführlich zu begründen." Sie begründet dies durch die Charakterisierung (Stärken und Schwächen) verschiedener Evaluationsformen, und appelliert, intensiv darüber nachzudenken, welche Studienform für welche Fragestellung geeignet sei. Zielsetzung ist, als analytisches Hilfsmittel bei komplexen Entscheidungen eine breite Informationsgrundlage zu bieten neben ethischen, distributiven Evaluationskriterien.

Um fundierte Entscheidungen zu treffen, muss Transparenz geschaffen werden, Datenmaterial muss zur Verfügung stehen, es muss klar sein wie die Fragestellung war, welcher Studientyp benutzt wurde, aus welcher Perspektive die Studienform gewählt wurde, ob Alternativen vorhanden waren, welches Model benutzt wurde, Effekte und Kosten müssen analysiert werden.

Mengen und Preisgerüst der Kosten müssen untersucht werden, die Währung berücksichtigt und Daten auf die Nation in der sie erhoben wurden geprüft werden. Die Diskontrate muss analysiert werden. Abschließend ist interessant, welche Ergebnisse aus den Daten abgeleitet werden.

Diskussion

Medizinische Effektivität und wirtschaftliche Effizienz müssen sich verzahnen und in eine Kosten-Nutzen-Beziehung gesetzt werden. Kosten zu ermitteln gestaltet sich vergleichsweise einfacher, als die Nutzen darzustellen. Ergebnisparameter wie Behandlungskosten und Arbeitsunfähigkeit sind leichter festzustellen, als die intangiblen Effekte zu quantifizieren. Das teilweise nicht fassen oder quantifizieren können dieser Effekte gestaltet sich als Herausforderung.

Soll die Lebensqualität als Argument bei der Allokation im Gesundheitswesen berücksichtigt werden, muss sie quantifiziert werden. Die Forschung ist in diesem Bereich durch Interdisziplinarität (Epidemiologen, Mediziner, Ökonomen, Psychologen, Soziologen, Statistiker) geprägt. Der Anstieg der chronischen Erkrankungen bei denen das Behandlungsziel eine Verbesserung des Wohlbefindens ist, wird in den Dimensionen Qualität und Quantität der Lebensqualität bewertet. Somit ist die qualitätsorientierte Betrachtungsweise der Lebensqualität für gesundheitsökonomische Fragestellungen ein zentraler Faktor. Die Schwierigkeit die Lebensqualität zu definieren, unterstreicht die Komplexität dieses Themas. Die Mehrdimensionalität des Konstruktes Lebensqualität spiegelt sich wider, in der Vielfältigkeit der Versuche und Ansätze Daten zu erfassen und der Schwierigkeit der Bewertung. Daten werden aggregiert und dann zu einer verarbeitbaren Menge runtergebrochen, oft unter der Prämisse Informationen zu verlieren, um eine Entscheidungsgrundlage zu bilden. Dabei müssen die verschiedenen Perspektiven und Interessen berücksichtigt werden.

Der ökonomische Ansatz Gesundheit monetär zu bewerten ist ein häufiger Kritikpunkt. Ökonomische Standpunkte sind immer nur ein Teil des Ganzen. Effizienzüberlegungen dürfen niemals über Grundsätze der Ethik und Gerechtigkeit gestellt werden. Somit verbieten sich Algorithmen in der Entscheidungsanalyse zur Ressourcenallokation im Gesundheitswesen. (Wasem, 2000, S. 330). Bei allen Schwierigkeiten der Definition und des Mangels in vielen Studien keinen Goldenstandard zu haben, gewinnt die Lebensqualität an Bedeutung in der Ergebnismessung. Zentrale Rolle spielt die Selbsteinschätzung des Patienten und damit die Auswahl des Frageninstrumentariums und der jeweiligen Fragestellung. Die Lebensqualitätsforschung hat Fortschritte gemacht, lässt noch viele Fragen offen (Schöffski, et al., 2002, S. 247 ff.).

Literaturverzeichnis

1. Cochrane. [http://www.cochrane.org/docs/tenprinciples.doc] (27.2.06)

2. Federspiel, B. (2005). *Gesundheitsförderung, Schweiz, Kernthema Gesundes Körpergewicht.* Winterthurer Institut Gesundheitsökonomie. S. 22 – 23. [http://www.wig.zhwin.ch/publi/pdf/Schlussbericht_Gewicht.pdf]. (22.2.06)

3. Großkinsky, S. (Wintersemester 2002/03). *Das Allokationsproblem im Gesundheitswesen.* Karlsruher Transfer. Nr. 28. S.36 –39. [http://www.vkw.org/kt28.html]. (20. 2. 06)

4. Hannoveraner Konsensus, *Revidierte Fassung des Hannoveraner Konsensus, Deutsche Empfehlung zur gesundheitsökonomischen Evaluation.* In Leidl, R., v.d. Schulenburg, J.-M. & Wasem, J (Hrsg.). (1999). Ansätze und Methoden der ökonomischen Evaluation. Ulm, München. S. 148 –155. [http://gripsdb.dimdi.de/de/hta/hta_berichte/hta009_bericht_de.pdf] (21.2.06)

5. Schöffski,O. et al. (2002). *Grundformen Gesundheitsökonomischer Evaluation. Bewertung von Lebensqualitätseffekten und deren Einbeziehung in ökonomische Analysen.* Schöffski, O. & Graf v.d. Schulenburg, J.-M. (Hrsg.) Gesundheitsökonomische Evaluation. Studienausgabe. 1.Auflage. S. 175 -397. Berlin u.a.: Springer.

6. ICF (2004). [http://www.didmdi.de/de/klassi/index.htm]. S.5ff. Köln (22.2.06)

7. Konerding, U. (2004). *Gesundheitsbezogene Lebensqualität.* In Lauterbach, K. W. & Schrappe, M (Hrsg.) Gesundheitsökonomie, Qualitätsmanagement und Evidence – based Medicine. (S. 160-182). 2. Auflage. Stuttgart, New York: Schattauer Verlag

8. Leidl, R. (2000). *Der Evidenz auf der Spur.* In Schwarz, F. W et. al.(Hrsg.). Das Public Health Buch. S. 346 – 369. München, Jena: Urban & Schwarzenberg

9. Phillips, C & Thompson, G. (2001). What is a QALY?, Kent: Hayward Medical Communications, Volume1, No 6, S. 1-6 [http://www.jr2.ox.ac.uk/bandolier/painres/download/whatis/QALY.pdf]. (25.2.06)

10. Sackett, DL. Kunz, R et al.(1999). *Evidenzbasierte Medizin.* Dt. Ausgabe. Bern, Wien , New York: Zuckschwert Verlag

11. Schwartz, F. W. et al. (2003).*Evaluation und Qualitätssicherung im Gesundheitswesen.* In Hurrelmann, K. & Laaser, U. (Hrsg.) Handbuch Gesundheitswissenschaften. 3.Auflage. S. 823 –836. Weinheim, München: Juventa Verlag

12. Wasem, J., Hessel, F. (2000). In Ravens-Sieberer & Alarcos Cieza (Hrsg.). *Lebensqualität und Gesundheitsökonomiein der Medizin.* S. 319 –335. Landsver: ecomed.

13. [www.uni-essen.de/medizinmanagement/Lehrstuhl/Download/first.htm] (25.2.06)

14. Wendland, W. (2004). *Entscheidungsanalyse.* In Lauterbach, K. W. & Schrappe, M (Hrsg.) Gesundheitsökonomie, Qualitätsmanagement und Evidence – based Medicine. 2. Auflage. (S.190-215) Stuttgart, New York: Schattauer Verlag

15. WHO.*ICF.* [www.who.int/classifikation/icf] (27.2.06)